BUKU MASAK OVEN HALOGEN MUKTAMAD

Tingkatkan Permainan Memasak Anda dengan Pengalaman Halogen Terunggul

John Saniru

Bahan Hak Cipta ©2024

Hak cipta terpelihara

Tiada bahagian buku ini boleh digunakan atau dihantar dalam apa jua bentuk atau dengan apa cara sekalipun tanpa kebenaran bertulis yang sewajarnya daripada penerbit dan pemilik hak cipta, kecuali petikan ringkas yang digunakan dalam semakan. Buku ini tidak boleh dianggap sebagai pengganti nasihat perubatan, undang-undang atau profesional lain.

ISI KANDUNGAN

ISI KANDUNGAN..3
PENGENALAN..8
SARAPAN PAGI..10
1. KENTANG & BACON FRITTATA......................................11
2. SARAPAN BLUEBERRY PEACH CRISP...........................14
3. MUFFIN BLUEBERRY LEMON..17
4. TELUR DADAR SAYUR..19
5. PANCAKE BLUEBERRY...21
6. BURRITO SARAPAN KETUHAR HALOGEN...................23
7. ROTI BAKAR PERANCIS KAYU MANIS..........................25
8. SARAPAN QUESADILLAS...27
9. MUFFIN TELUR DAN BACON..29
10. MUFFIN KACANG PISANG...31
11. BAYAM DAN FETA FRITTATA.......................................33
12. MANGKUK SMOOTHIE PISANG MENTEGA KACANG.................35
13. PIZZA SARAPAN KETUHAR HALOGEN......................37
14. PUDING CHIA KELAPA..39
15. QUICHE CENDAWAN DAN BAYAM.............................41
16. ROTI BAKAR AVOKADO DENGAN TELUR REBUS...........43
17. SARAPAN MANGKUK QUINOA....................................45
18. SARAPAN SOSEJ DAN KEJU CALZONE......................47
19. WAFEL REMPAH LABU...49
20. LADA LOCENG SUMBAT SARAPAN PAGI................51

21. CHERRY ALMOND BREAKFAST QUICHE............................53
22. MUFFIN OREN CRANBERRY...55
PEMULA...57
23. CENDAWAN SUMBAT...58
24. LIDI CAPRESE..60
25. BAWANG PUTIH DAN HERBA LIDI UDANG.....................62
26. BAYAM DAN ARTICOK DIP...64
27. BRUSCHETTA DENGAN TOMATO DAN SELASIH............66
28. KETUHAR HALOGEN JALAPEÑO POPPERS....................68
29. BRUSCHETTA CENDAWAN..70
30. KENTANG GORENG ZUCCHINI RANGUP........................72
31. LIDI UDANG CAJUN...74
32. BRIE BAKAR DENGAN SOS CRANBERRY.......................76
33. KENTANG GORENG DENGAN BAWANG PUTIH AIOLI.................78
34. JALAPEÑO YANG DISUMBAT DENGAN KEJU KRIM DAN BACON 80
35. CENDAWAN PORTOBELLO SUMBAT CAPRESE..............82
36. UDANG KELAPA RANGUP..84
37. CENDAWAN MENTEGA BAWANG PUTIH........................86
38. GIGITAN KEMBANG KOL KERBAU.................................88
39. TONGKAT MOZZARELLA OVEN HALOGEN....................90
40. HUMMUS DAN VEGGIE PLATTER..................................92
41. ASPARAGUS BERBALUT BACON...................................94
42. TOMATO SUNDRIED DAN PESTO BRUSCHETTA............96
HIDANGAN UTAMA..98
43. AYAM BAKAR HERBA..99
44. SALMON DENGAN DILL DAN LEMON.........................101

45. AYAM BAKAR BAWANG PUTIH LEMON	103
46. LADA LOCENG SUMBAT VEGETARIAN	105
47. TUMIS DAGING DAN SAYUR	107
48. TENDERLOIN BABI PANGGANG HERBA LEMON	109
49. KEBAB AYAM DAN SAYURAN	111
50. LASAGNA SAYUR KETUHAR HALOGEN	113
51. UDANG SCAMPI DENGAN LINGUINE	115
52. DADA AYAM SUMBAT CENDAWAN DAN BAYAM	117
53. SALMON KACANG MUSTARD MADU	119
54. HALOGEN PARMESAN TERUNG	121
55. AYAM TERIYAKI TUMIS	123
56. PASTA UDANG MENTEGA BAWANG PUTIH	125
57. SKUASY ACORN SUMBAT DENGAN QUINOA DAN CHICKPEA	127
58. IKAN KOD BAKAR HERBA LEMON	129
59. PAYUDARA AYAM SUMBAT BAYAM DAN FETA	131
60. BATANG DRUM AYAM BARBEKU	133
61. KARI CHICKPEA VEGETARIAN	135
62. SOSEJ DAN LADA BAKAR	137
63. LAMB CHOPS DENGAN ROSEMARY DAN BAWANG PUTIH	139
64. TUMIS UDANG DAN BROKOLI	141
65. KUFTETA BULGARIA PANGGANG	143
66. SKUASY BUTTERNUT DAN SAGE RISOTTO	145
67. PEHA AYAM KACANG BIJAN MADU	147
68. LADA LOCENG SUMBAT DENGAN GROUND TURKEY DAN QUINOA	149
HIDANGAN SAMPINGAN	151

69. SAYUR PANGGANG..152
70. KENTANG JAKET...154
71. SOUFFLE KEJU OVEN HALOGEN.......................................156
72. KENTANG TUMBUK BAWANG PUTIH PANGGANG............................159
73. BAWANG PUTIH PARMESAN PANGGANG BRUSSELS SPROUT. 161
74. BAYAM BERKRIM DAN CELUP ARTICOK.................................163
75. LOBAK PANGGANG HERBA..165
76. KENTANG GORENG KELEDEK BAKAR....................................167
77. QUINOA DAN PILAF SAYURAN..169
78. KASEROL BROKOLI BAKAR CHEESY....................................171
79. KEMBANG KOL DAN GRATIN KEJU.....................................173
80. KENTANG PANGGANG HERBA BAWANG PUTIH.............................175
81. ASPARAGUS BAKAR DENGAN PARMESAN.................................177
82. LOBAK SAYU MADU...179
83. SKUASY BUTTERNUT PANGGANG DENGAN MAPLE GLAZE....................181
84. JAGUNG BAKAR DENGAN MENTEGA CILI LIMAU..........................183
PENJERAHAN...185
85. PUDING MARMALADE ROTI DAN MENTEGA...............................186
86. RASPBERI, BERI BIRU DAN BERI HITAM PAVLOVA......................189
87. HALOGEN OVEN LOBAK MERAH DAN KEK PISANG.........................192
88. MINI BERRY HANCUR...195
89. KEK LAVA COKLAT...197
90. PUDING ROTI KAYU MANIS EPAL.....................................199
91. HALOGEN OVEN PEACH COBBLER......................................201
92. ROTI KACANG PISANG..203
93. KETUHAR HALOGEN BROWNIE WALNUT..................................205

94. CHERRY ALMOND CLAFOUTIS..208

95. PUDING ROTI REMPAH LABU...210

96. LEMON RASPBERRY BAR...212

97. STRAWBERI CELUP COKLAT..214

98. KEK KOPI DENGAN TOPPING STREUSEL..................................216

99. TART COKLAT RASPBERI OVEN HALOGEN..............................218

100. PUDING BERAS KELAPA...220

KESIMPULAN..222

PENGENALAN

Melangkah ke dunia masakan yang serba boleh dan cekap dengan "Buku Masakan Ketuhar Halogen Terunggul," di mana inovasi memenuhi kecemerlangan masakan untuk meningkatkan permainan memasak anda. Buku masakan ini ialah panduan anda untuk membuka kunci potensi penuh ketuhar halogen—keajaiban dapur yang menggabungkan kelajuan, kecekapan dan ketepatan. Dengan koleksi resipi yang disusun dengan teliti, sertai kami dalam perjalanan untuk mengubah bahan-bahan harian menjadi hidangan yang luar biasa dan alami pengalaman memasak halogen yang terbaik.

Bayangkan kemudahan ketuhar padat yang dipanaskan dalam beberapa saat, masak secara sekata dan menawarkan pelbagai kaedah memasak. "The Ultimate Halogen Oven Cookbook" bukan sekadar koleksi resipi; ia adalah penerokaan kemungkinan tidak berkesudahan yang datang dengan memanfaatkan kuasa teknologi halogen. Sama ada anda seorang tukang masak di rumah yang sibuk ingin menyelaraskan penyediaan hidangan atau seorang tukang masak yang mencabar yang ingin mencuba teknik baharu, resipi ini direka bentuk untuk memanfaatkan sepenuhnya ketuhar halogen anda.

Daripada panggang yang lazat kepada pembuka selera yang rangup, dan daripada pencuci mulut yang halus hingga keajaiban satu periuk, setiap resipi adalah perayaan kecekapan dan serba boleh yang dibawa oleh ketuhar halogen ke dapur anda. Sama ada anda menganjurkan majlis makan malam, membuat hidangan malam mingguan atau semata-mata ingin mengoptimumkan pengalaman memasak anda, buku masakan ini ialah sumber utama anda untuk menguasai seni memasak halogen.

Sertai kami sambil kami menyelidiki dunia inovatif ketuhar halogen, di mana setiap hidangan adalah bukti kepantasan, ketepatan dan kelazatan yang menentukan keajaiban masakan moden ini. Jadi, panaskan ketuhar halogen anda, kumpulkan bahan-bahan anda dan mari tingkatkan permainan memasak anda dengan "Buku Masakan Ketuhar Halogen Terunggul."

SARAPAN PAGI

1. Kentang & Bacon Frittata

BAHAN-BAHAN:
- 2 keping bacon, dicincang
- 1 sudu besar minyak zaitun
- ½ bawang, dihiris nipis
- 1 kentang emas besar, dipotong dadu menjadi kiub ½ inci
- Garam & lada sulah, secukup rasa
- 6 biji telur besar
- ½ cawan keju Parmesan parut

ARAHAN:
a) Letakkan kepingan daging cincang dalam kuali nonstick yang besar. Masak dengan api sederhana tinggi selama 5 minit atau sehingga bacon masak dan garing. Pindahkan bacon ke pinggan kecil.
b) Masukkan minyak zaitun ke dalam kuali, kemudian masukkan bawang dan kentang. Perasakan dengan garam dan lada sulah. Tumis selama 10-12 minit, atau sehingga kentang empuk.
c) Keluarkan dari api dan letakkan bacon, kentang, dan bawang ke dalam loyang yang telah digris.
d) Panaskan ketuhar halogen anda kepada 350°F (laraskan mengikut keperluan berdasarkan tetapan ketuhar anda).
e) Pukul bersama telur, Parmesan, dan secubit garam dan lada sulah dalam mangkuk. Tuangkan campuran telur ke atas bacon, kentang, dan bawang dalam hidangan pembakar.

f) Letakkan hidangan pembakar pada rak bawah di dalam ketuhar halogen.
g) Tetapkan pemasa selama 15 minit dan pantau kemajuan frittata. Laraskan masa jika perlu, kerana ketuhar halogen masak lebih cepat.
h) Keluarkan apabila frittata ditetapkan dan mempunyai bahagian atas berwarna perang keemasan. Biarkan ia sejuk selama 10 minit sebelum dihiris.

2. Sarapan Blueberry Peach Crisp

BAHAN-BAHAN:
BAHAN PENGISIAN
- 4 cawan beri biru, segar atau beku
- 2 cawan pic, dihiris
- 1 sudu teh ekstrak vanila
- 2 sudu teh jus lemon
- 4 sudu besar sirap maple tulen
- 1½ sudu besar tepung jagung
- Secubit garam

BAHAN TOPPING
- 2½ cawan oat gulung
- 5 sudu makan badam (atau tepung badam)
- 1 sudu teh kayu manis
- 5 sudu besar sirap maple tulen
- 3 sudu besar gula kelapa (atau gula perang)
- 7 sudu besar minyak kelapa, cair
- 1 cawan hirisan badam
- 1 cawan walnut cincang
- ¼ sudu teh garam
- Barangan Diperlukan
- Loyang pembakar 9 x 12 inci.

ARAHAN:
a) Satukan beri biru, pic, ekstrak vanila, jus lemon, sirap maple, tepung jagung, dan garam dalam mangkuk dan toskan hingga sebati. Tuang adunan ke dalam loyang bersaiz 9 x 12 inci yang telah digris sesuai untuk ketuhar halogen anda.

b) Dalam mangkuk yang berasingan, satukan semua bahan topping dan kacau sehingga membentuk gumpalan. Sapukan topping secara rata ke atas adunan buah dalam loyang.
c) Panaskan ketuhar halogen anda kepada 350°F (laraskan mengikut keperluan berdasarkan tetapan ketuhar anda).
d) Letakkan hidangan pembakar pada rak bawah di dalam ketuhar halogen.
e) Tetapkan pemasa selama 1 jam dan pantau kemajuan crisp. Laraskan masa jika perlu, kerana ketuhar halogen masak lebih cepat.
f) Keluarkan garing apabila topping berwarna perang keemasan, dan buahnya berbuih.
g) Hidangkan Sarapan Blueberry Peach Crisp dengan yogurt untuk sarapan pagi atau ais krim vanila untuk pencuci mulut.
h) Nota: Laraskan masa dan suhu memasak berdasarkan model ketuhar halogen khusus anda dan prestasi memasaknya. Awasi yang garing untuk mengelakkan keperangan yang berlebihan.

3.Muffin Blueberry Lemon

BAHAN-BAHAN:
- 2 cawan tepung serba guna
- 1 cawan gula pasir
- 1 sudu besar serbuk penaik
- 1/2 sudu teh garam
- 1 cawan beri biru segar
- 1 cawan susu
- 1/2 cawan mentega tanpa garam, cair
- 2 biji telur besar
- Perahan dan jus 1 lemon
- Gula serbuk untuk habuk

ARAHAN:
a) Panaskan ketuhar halogen kepada 375°F (190°C).
b) Dalam mangkuk besar, pukul bersama tepung, gula, serbuk penaik, dan garam.
c) Dalam mangkuk lain, campurkan beri biru, susu, mentega cair, telur, kulit limau dan jus lemon.
d) Masukkan bahan basah ke dalam bahan kering dan kacau sehingga sebati.
e) Sudukan adunan ke dalam cawan muffin dan bakar selama 20-25 minit atau sehingga pencungkil gigi keluar bersih.
f) Taburkan dengan gula tepung sebelum dihidangkan.

4. Telur Dadar Sayur

BAHAN-BAHAN:
- 3 biji telur
- 1/4 cawan lada benggala dipotong dadu
- 1/4 cawan bawang besar dipotong dadu
- 1/4 cawan tomato potong dadu
- Garam dan lada sulah secukup rasa

ARAHAN:
a) Panaskan ketuhar halogen kepada 375°F (190°C).
b) Dalam mangkuk, pukul telur dan masukkan sayur dadu, garam dan lada sulah.
c) Tuangkan adunan ke dalam loyang yang selamat untuk ketuhar yang telah digris.
d) Masak dalam ketuhar halogen selama 15-20 minit atau sehingga telur ditetapkan.

5.Pancake Blueberry

BAHAN-BAHAN:
- 1 cawan tepung serba guna
- 1 sudu besar gula
- 1 sudu kecil serbuk penaik
- 1/2 sudu teh garam
- 1 cawan susu
- 1 biji telur
- 1/2 cawan beri biru

ARAHAN:
a) Panaskan ketuhar halogen kepada 375°F (190°C).
b) Dalam mangkuk, campurkan tepung, gula, serbuk penaik, dan garam.
c) Masukkan susu dan telur, dan kacau sehingga sebati. Lipat dalam beri biru.
d) Tuangkan adunan ke atas loyang yang telah digris dan masak dalam ketuhar halogen selama 10-12 minit.

6.Burrito Sarapan Ketuhar Halogen

BAHAN-BAHAN:
- 4 tortilla besar
- 4 biji telur, dikocok
- 1 cawan ham atau bacon yang dimasak dan dipotong dadu
- 1/2 cawan keju cheddar yang dicincang
- Salsa dan krim masam untuk dihidangkan

ARAHAN:
a) Panaskan ketuhar halogen kepada 375°F (190°C).
b) Tortilla hangat di dalam ketuhar selama 2 minit.
c) Isikan setiap tortilla dengan telur hancur, ham atau bacon, dan keju.
d) Gulungkannya dan masukkan ke dalam ketuhar halogen selama 5 minit tambahan.

7. Roti Bakar Perancis Kayu Manis

BAHAN-BAHAN:
- 4 keping roti
- 2 biji telur
- 1/2 cawan susu
- 1 sudu teh kayu manis
- 1/2 sudu teh ekstrak vanila
- Mentega untuk memasak

ARAHAN:
a) Panaskan ketuhar halogen kepada 375°F (190°C).
b) Dalam mangkuk, pukul bersama telur, susu, kayu manis, dan vanila.
c) Celupkan setiap kepingan roti ke dalam adunan, salutkan kedua-dua belah.
d) Masak kepingan dalam kuali mentega dalam ketuhar halogen selama 3-4 minit pada setiap sisi.

8. Sarapan Quesadillas

BAHAN-BAHAN:
- 4 tortilla tepung besar
- 1 cawan sosej masak dan hancur
- 1 cawan keju Monterey Jack yang dicincang
- 1/2 cawan lada benggala dipotong dadu
- 1/4 cawan bawang hijau dicincang

ARAHAN:
a) Panaskan ketuhar halogen kepada 375°F (190°C).
b) Letakkan satu tortilla di atas rak ketuhar.
c) Lapiskan sosej, keju, lada benggala dan bawang hijau di atas tortilla.
d) Taburkan dengan tortilla lain dan masak selama 5-7 minit atau sehingga keju cair.

9.Muffin Telur dan Bacon

BAHAN-BAHAN:
- 4 keping muffin Inggeris, belah
- 4 biji telur
- 4 keping bacon, masak
- 1 cawan keju cheddar yang dicincang
- Garam dan lada sulah secukup rasa

ARAHAN:
a) Panaskan ketuhar halogen kepada 375°F (190°C).
b) Letakkan muffin Inggeris di atas loyang.
c) Pecahkan telur pada setiap separuh muffin, perasakan dengan garam dan lada sulah.
d) Teratas dengan bacon dan keju yang telah dimasak. Bakar selama 10-12 minit.

10. Muffin Kacang Pisang

BAHAN-BAHAN:
- 2 biji pisang masak, tumbuk
- 1/2 cawan mentega cair
- 1/2 cawan gula
- 1 sudu teh ekstrak vanila
- 1 1/2 cawan tepung serba guna
- 1 sudu teh baking soda
- 1/2 cawan kacang cincang (walnut atau pecan)

ARAHAN:
a) Panaskan ketuhar halogen kepada 375°F (190°C).
b) Dalam mangkuk, campurkan pisang lecek, mentega cair, gula, dan vanila.
c) Masukkan tepung, soda penaik, dan kacang. Kacau sehingga sebati sahaja.
d) Sudukan adunan ke dalam cawan muffin dan bakar selama 15-18 minit.

11. Bayam dan Feta Frittata

BAHAN-BAHAN:
- 6 biji telur
- 1 cawan bayam segar, dicincang
- 1/2 cawan keju feta, hancur
- 1/4 cawan bawang merah potong dadu
- Garam dan lada sulah secukup rasa

ARAHAN:
a) Panaskan ketuhar halogen kepada 375°F (190°C).
b) Dalam mangkuk, pukul bersama telur, bayam, feta dan bawang merah.
c) Tuang adunan ke dalam loyang yang telah digris.
d) Bakar dalam ketuhar halogen selama 20-25 minit atau sehingga frittata ditetapkan.

12. Mangkuk Smoothie Pisang Mentega Kacang

BAHAN-BAHAN:
- 2 biji pisang masak
- 1/2 cawan mentega kacang
- 1 cawan yogurt Yunani
- 1/2 cawan susu
- Topping: hirisan pisang, granola, biji chia

ARAHAN:
a) Panaskan ketuhar halogen kepada 375°F (190°C).
b) Dalam pengisar, satukan pisang masak, mentega kacang, yogurt Yunani dan susu. Kisar hingga sebati.
c) Tuangkan smoothie ke dalam mangkuk dan masukkan topping kegemaran anda.
d) Letakkan mangkuk di dalam ketuhar halogen selama 3-5 minit untuk memanaskan sedikit.

13. Pizza Sarapan Ketuhar Halogen

BAHAN-BAHAN:
- 1 doh pizza
- 1 cawan sosej sarapan masak
- 4 biji telur
- 1 cawan keju mozzarella yang dicincang
- Garam dan lada sulah secukup rasa

ARAHAN:
a) Panaskan ketuhar halogen kepada 375°F (190°C).
b) Canai doh pizza dan letakkan di atas batu pizza atau loyang.
c) Sapukan sosej yang telah dimasak ke atas doh, pecahkan telur di atasnya, dan taburkan dengan keju.
d) Bakar dalam ketuhar halogen selama 12-15 minit atau sehingga kerak keemasan dan telur masak.

14. Puding Chia Kelapa

BAHAN-BAHAN:
- 1/4 cawan biji chia
- 1 cawan santan
- 1 sudu besar madu atau sirap maple
- 1/2 sudu teh ekstrak vanila
- Beri segar untuk topping

ARAHAN:
a) Panaskan ketuhar halogen kepada 375°F (190°C).
b) Dalam mangkuk, campurkan biji chia, santan, madu atau sirap maple, dan ekstrak vanila.
c) Biarkan selama 10 minit, kacau sekali-sekala.
d) Teratas dengan beri segar dan masukkan ke dalam ketuhar halogen selama 5 minit untuk memanaskan.

15. Quiche Cendawan dan Bayam

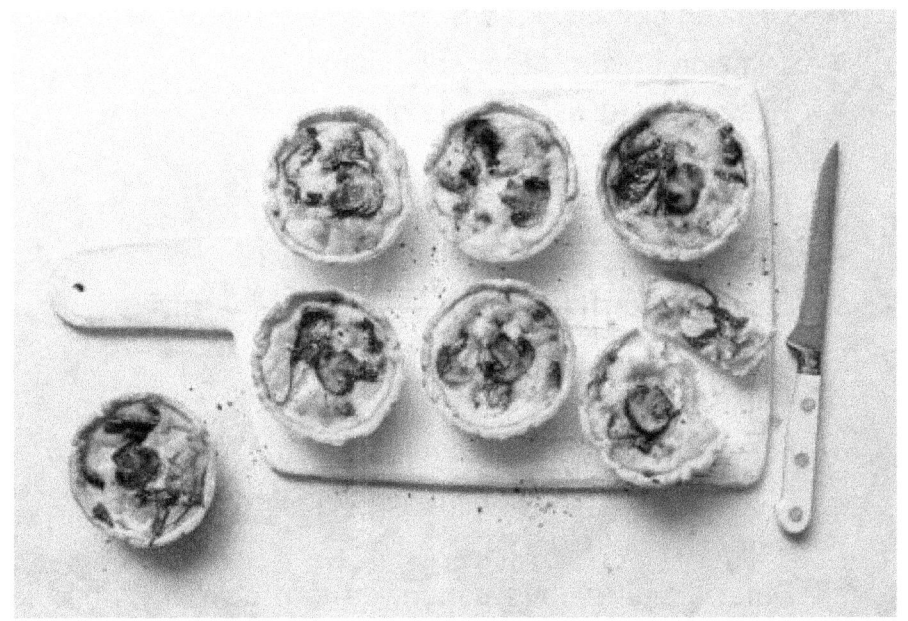

BAHAN-BAHAN:
- 1 kerak pai yang telah dibuat
- 1 cawan cendawan, dihiris
- 2 cawan bayam segar, dicincang
- 1 cawan keju Swiss yang dicincang
- 4 biji telur besar
- 1 cawan susu
- Garam dan lada sulah secukup rasa
- Buah pala untuk perasa

ARAHAN:
a) Panaskan ketuhar halogen kepada 375°F (190°C).
b) Lapik hidangan pai dengan kerak pai yang telah dibuat sebelumnya.
c) Dalam kuali, tumis cendawan dan bayam hingga layu. Sapukan adunan ke atas kulit pai.
d) Dalam mangkuk, pukul bersama telur, susu, garam, lada sulah, dan secubit buah pala. Tuangkan adunan telur ke atas sayur.
e) Bakar selama 25-30 minit atau sehingga quiche ditetapkan dan keemasan.

16. Roti Bakar Avokado dengan Telur Rebus

BAHAN-BAHAN:
- 2 keping roti bijirin penuh
- 1 buah avokado masak
- 2 biji telur
- Garam dan lada sulah secukup rasa
- Topping pilihan: kepingan lada merah, tomato ceri

ARAHAN:
a) Panaskan ketuhar halogen kepada 375°F (190°C).
b) Bakar hirisan roti dalam ketuhar halogen selama 2-3 minit.
c) Tumbuk alpukat dan sapukan di atas roti bakar.
d) Rebus telur dan letakkan di atas. Perasakan dengan garam dan lada sulah.

17. Sarapan Mangkuk Quinoa

BAHAN-BAHAN:
- 1 cawan quinoa masak
- 1/2 cawan yogurt Yunani
- 1/4 cawan kacang campuran (badam, walnut)
- 1/2 cawan beri campuran
- Hujan renyai-renyai

ARAHAN:
a) Panaskan ketuhar halogen kepada 375°F (190°C).
b) Dalam mangkuk, lapisan quinoa, yogurt Yunani, kacang campuran dan beri.
c) Siram dengan madu dan panaskan dalam ketuhar halogen selama 5 minit.

18. Sarapan Sosej dan Keju Calzone

BAHAN-BAHAN:
- 1 doh pizza
- 1/2 cawan sosej sarapan masak dan hancur
- 1/2 cawan keju cheddar yang dicincang
- 2 biji telur, dipukul
- Garam dan lada sulah secukup rasa

ARAHAN:
a) Panaskan ketuhar halogen kepada 375°F (190°C).
b) Canai doh pizza dan isi separuh dengan sosej dan keju.
c) Lipat separuh lagi, tutup tepi. Berus dengan telur yang telah dipukul.
d) Bakar dalam ketuhar halogen selama 15-18 minit atau sehingga perang keemasan.

19. Wafel Rempah Labu

BAHAN-BAHAN:
- 2 cawan campuran wafel
- 1 cawan susu
- 1/2 cawan puri labu dalam tin
- 1 sudu teh rempah labu
- Krim putar dan sirap maple untuk topping

ARAHAN:
a) Panaskan ketuhar halogen kepada 375°F (190°C).
b) Dalam mangkuk, campurkan campuran wafel, susu, puri labu, dan rempah labu.
c) Tuangkan adunan ke dalam pembuat wafel dan masak mengikut arahan pengeluar.
d) Teratas dengan krim putar dan sirap maple sebelum dihidangkan.

20. Lada Loceng Sumbat Sarapan Pagi

BAHAN-BAHAN:
- 2 lada benggala besar, dibelah dua
- 4 biji telur
- 1/2 cawan ham dipotong dadu atau sosej masak
- 1/2 cawan keju cheddar yang dicincang
- Garam dan lada sulah secukup rasa

ARAHAN:
a) Panaskan ketuhar halogen kepada 375°F (190°C).
b) Letakkan separuh lada benggala dalam hidangan pembakar.
c) Pecahkan telur ke dalam setiap separuh lada benggala, masukkan ham atau sosej yang dipotong dadu, dan taburkan dengan keju.
d) Bakar dalam ketuhar halogen selama 15-20 minit atau sehingga telur masak mengikut citarasa anda.

21. Cherry Almond Breakfast Quiche

BAHAN-BAHAN:
- 1 kerak pai yang disejukkan
- 4 biji telur
- 1 cawan susu
- 1 cawan ceri segar atau beku, diadu dan dibelah dua
- 1/2 cawan hirisan badam
- 1/2 sudu teh ekstrak badam

ARAHAN:
a) Panaskan ketuhar halogen kepada 375°F (190°C).
b) Tekan kerak pai ke dalam hidangan pai.
c) Dalam mangkuk, pukul bersama telur, susu, ekstrak badam, ceri, dan badam yang dihiris.
d) Tuang adunan ke dalam kulit pai dan bakar dalam ketuhar halogen selama 25-30 minit atau sehingga set.

22. Muffin Oren Cranberry

BAHAN-BAHAN:
- 2 cawan tepung serba guna
- 1 cawan cranberry kering
- 1/2 cawan gula
- 1 sudu besar serbuk penaik
- 1/2 sudu teh garam
- 1 cawan jus oren
- 1/2 cawan mentega cair
- 2 biji telur

ARAHAN:
a) Panaskan ketuhar halogen kepada 375°F (190°C).
b) Dalam mangkuk, campurkan tepung, gula, serbuk penaik, dan garam.
c) Dalam mangkuk lain, pukul bersama jus oren, mentega cair, dan telur.
d) Satukan bahan basah dan kering, masukkan cranberry, dan sudukan adunan ke dalam cawan muffin. Bakar selama 15-18 minit.

PEMULA

23. Cendawan Sumbat

BAHAN-BAHAN:
- 12 cendawan besar, dibersihkan dan dibuang batangnya
- 1/2 cawan krim keju
- 1/4 cawan parut keju Parmesan
- 2 ulas bawang putih, dikisar
- 2 sudu besar serbuk roti
- Garam dan lada sulah secukup rasa
- Pasli segar untuk hiasan

ARAHAN:
a) Panaskan ketuhar halogen kepada 375°F (190°C).
b) Dalam mangkuk, campurkan keju krim, Parmesan, bawang putih cincang, serbuk roti, garam dan lada sulah.
c) Sumbat setiap penutup cendawan dengan campuran.
d) Letakkan cendawan yang disumbat dalam ketuhar halogen dan bakar selama 12-15 minit sehingga keemasan.

24. Lidi Caprese

BAHAN-BAHAN:
- tomato ceri
- Bebola mozzarella segar
- Daun selasih segar
- Sayu balsamic
- Minyak zaitun
- Garam dan lada sulah secukup rasa

ARAHAN:
a) Panaskan ketuhar halogen kepada 375°F (190°C).
b) Masukkan tomato ceri, bebola mozzarella dan daun selasih pada lidi kecil.
c) Taburkan dengan minyak zaitun, balsamic glaze, garam dan lada sulah.
d) Letakkan lidi dalam ketuhar halogen selama 5-7 minit sehingga keju lembut.

25. Bawang Putih dan Herba Lidi Udang

BAHAN-BAHAN:
- 1 paun udang besar, dikupas dan dikeringkan
- 3 sudu besar minyak zaitun
- 3 ulas bawang putih, dikisar
- 1 sudu teh oregano kering
- 1 sudu teh thyme kering
- Garam dan lada sulah secukup rasa
- Lemon wedges untuk dihidangkan

ARAHAN:
a) Panaskan ketuhar halogen hingga 400°F (200°C).
b) Dalam mangkuk, campurkan udang dengan minyak zaitun, bawang putih, oregano, thyme, garam, dan lada.
c) Ulirkan udang pada lidi dan masukkan ke dalam ketuhar halogen selama 8-10 minit sehingga masak.
d) Hidangkan bersama hirisan lemon.

26. Bayam dan Articok Dip

BAHAN-BAHAN:
- 1 cawan bayam cincang beku, dicairkan dan toskan
- 1 tin (14 auns) hati articok, toskan dan cincang
- 1 cawan mayonis
- 1 cawan keju Parmesan yang dicincang
- 1 cawan keju mozzarella yang dicincang
- 1 sudu kecil serbuk bawang putih
- Cip tortilla atau baguette yang dihiris untuk dicelup

ARAHAN:
a) Panaskan ketuhar halogen kepada 375°F (190°C).
b) Dalam mangkuk, satukan bayam, articok, mayonis, Parmesan, mozzarella dan serbuk bawang putih.
c) Pindahkan campuran ke dalam hidangan yang selamat untuk ketuhar.
d) Bakar dalam ketuhar halogen selama 15-20 minit sehingga panas dan berbuih. Hidangkan dengan kerepek tortilla atau baguette yang dihiris.

27. Bruschetta dengan tomato dan selasih

BAHAN-BAHAN:
- 1 baguette Perancis, dihiris
- 4 biji tomato besar, potong dadu
- 1/4 cawan basil segar, dicincang
- 2 ulas bawang putih, dikisar
- 3 sudu besar cuka balsamic
- 3 sudu besar minyak zaitun
- Garam dan lada sulah secukup rasa

ARAHAN:
a) Panaskan ketuhar halogen kepada 375°F (190°C).
b) Letakkan kepingan baguette di atas rak ketuhar dan bakar selama 3-5 minit.
c) Dalam mangkuk, campurkan tomato, basil, bawang putih, cuka balsamic, minyak zaitun, garam dan lada.
d) Sudukan adunan tomato ke atas hirisan baguette yang telah dibakar dan hidangkan.

28. Ketuhar Halogen Jalapeño Poppers

BAHAN-BAHAN:
- 12 lada jalapeno, dibelah dua dan dibiji
- 8 auns krim keju, dilembutkan
- 1 cawan keju cheddar yang dicincang
- 1 cawan serbuk roti
- 1 sudu kecil serbuk bawang putih
- 1/2 sudu teh jintan manis
- hirisan bacon (pilihan)

ARAHAN:
a) Panaskan ketuhar halogen kepada 375°F (190°C).
b) Dalam mangkuk, campurkan keju krim, keju cheddar, serbuk roti, serbuk bawang putih dan jintan manis.
c) Sudukan adunan kepada bahagian jalapeño.
d) Jika mahu, balut dengan hirisan bacon. Bakar dalam ketuhar halogen selama 15-20 minit sehingga berbuih dan keemasan.

29. Bruschetta cendawan

BAHAN-BAHAN:
- 1 paun cendawan, dicincang halus
- 2 ulas bawang putih, dikisar
- 1/4 cawan pasli segar, dicincang
- 3 sudu besar minyak zaitun
- Garam dan lada sulah secukup rasa
- Potongan baguette untuk dihidangkan

ARAHAN:
a) Panaskan ketuhar halogen kepada 375°F (190°C).
b) Dalam kuali, tumis cendawan, bawang putih, dan pasli dalam minyak zaitun sehingga cendawan mengeluarkan kelembapannya.
c) Perasakan dengan garam dan lada sulah.
d) Sudukan adunan cendawan pada kepingan baguette dan panaskan dalam ketuhar halogen selama 5-7 minit.

30. Kentang Goreng Zucchini Rangup

BAHAN-BAHAN:
- 2 zucchini besar, potong kentang goreng
- 1 cawan serbuk roti
- 1/2 cawan keju Parmesan parut
- 2 biji telur, dipukul
- 1 sudu teh perasa Itali
- Sos marinara untuk dicelup

ARAHAN:
a) Panaskan ketuhar halogen hingga 400°F (200°C).
b) Celupkan kentang goreng zucchini ke dalam telur yang dipukul dan kemudian salutkan dengan campuran serbuk roti, Parmesan, dan perasa Itali.
c) Susun di atas rak ketuhar dan bakar selama 15-20 minit hingga kekuningan dan garing.
d) Hidangkan bersama sos marinara untuk dicelup.

31. Lidi Udang Cajun

BAHAN-BAHAN:
- 1 paun udang besar, dikupas dan dikeringkan
- 2 sudu besar minyak zaitun
- 1 sudu besar perasa Cajun
- 1 sudu besar jus lemon
- Garam dan lada sulah secukup rasa
- Pasli segar untuk hiasan

ARAHAN:
a) Panaskan ketuhar halogen hingga 400°F (200°C).
b) Dalam mangkuk, campurkan udang dengan minyak zaitun, perasa Cajun, jus lemon, garam, dan lada.
c) Ulirkan udang pada lidi dan masukkan ke dalam ketuhar halogen selama 8-10 minit sehingga masak.
d) Hiaskan dengan pasli segar sebelum dihidangkan.

32. Brie Bakar dengan Sos Cranberry

BAHAN-BAHAN:
- 1 roda keju Brie
- 1/2 cawan sos kranberi
- 1/4 cawan pecan cincang
- 1 sudu besar madu
- Keropok atau baguette yang dihiris untuk dihidangkan

ARAHAN:
a) Panaskan ketuhar halogen kepada 375°F (190°C).
b) Letakkan Brie pada hidangan yang selamat dari ketuhar.
c) Teratas dengan sos kranberi dan pecan cincang.
d) Tuangkan madu ke atas dan bakar selama 10-12 minit sehingga Brie lembut. Hidangkan bersama keropok atau baguette yang dihiris.

33. Kentang Goreng dengan Bawang Putih Aioli

BAHAN-BAHAN:
- 2 biji keledek besar, potong goreng
- 2 sudu besar minyak zaitun
- 1 sudu kecil paprika
- 1/2 sudu teh serbuk bawang putih
- Garam dan lada sulah secukup rasa
- Untuk Bawang Putih Aioli: 1/2 cawan mayonis, 1 ulas bawang putih (dicincang), 1 sudu besar jus lemon, garam dan lada sulah

ARAHAN:
a) Panaskan ketuhar halogen hingga 400°F (200°C).
b) Dalam mangkuk, masukkan kentang goreng dengan minyak zaitun, paprika, serbuk bawang putih, garam dan lada sulah.
c) Sapukan kentang goreng di atas rak ketuhar dan bakar selama 20-25 minit sehingga garing.
d) Campurkan bahan aioli bawang putih dan hidangkan sebagai sos pencicah.

34. Jalapeño yang disumbat dengan Keju Krim dan Bacon

BAHAN-BAHAN:
- 12 lada jalapeño besar, dibelah dua dan dibiji
- 8 auns krim keju, dilembutkan
- 12 keping bacon, dibelah dua
- Pencungkil gigi

ARAHAN:
a) Panaskan ketuhar halogen kepada 375°F (190°C).
b) Isikan setiap jalapeño separuh dengan keju krim.
c) Balut dengan separuh keping bacon dan selamatkan dengan pencungkil gigi.
d) Bakar dalam ketuhar halogen selama 15-20 minit sehingga bacon garing.

35. Cendawan Portobello Sumbat Caprese

BAHAN-BAHAN:
- 4 cendawan portobello besar, dibuang batangnya
- 1 cawan tomato ceri, dibelah dua
- 1 cawan bebola mozzarella segar, dibelah dua
- Daun selasih segar
- Sayu balsamic
- Minyak zaitun
- Garam dan lada sulah secukup rasa

ARAHAN:
a) Panaskan ketuhar halogen kepada 375°F (190°C).
b) Letakkan cendawan portobello di atas loyang.
c) Isi setiap cendawan dengan tomato ceri, mozzarella, dan selasih.
d) Siram dengan minyak zaitun dan balsamic glaze. Bakar selama 15-18 minit.

36. Udang Kelapa Rangup

BAHAN-BAHAN:
- 1 paun udang besar, dikupas dan dikeringkan
- 1 cawan kelapa parut
- 1 cawan serbuk roti panko
- 2 biji telur, dipukul
- Garam dan lada sulah secukup rasa
- Sos cili manis untuk dicelup

ARAHAN:
a) Panaskan ketuhar halogen hingga 400°F (200°C).
b) Dalam mangkuk yang berasingan, letakkan kelapa parut dan serbuk roti panko.
c) Celupkan setiap udang ke dalam telur yang telah dipukul, kemudian salutkan dengan adunan kelapa dan serbuk roti.
d) Susun di atas rak ketuhar dan bakar selama 12-15 minit hingga kekuningan. Hidangkan bersama sos cili manis.

37. Cendawan Mentega Bawang Putih

BAHAN-BAHAN:
- 1 paun cendawan butang, dibersihkan
- 4 sudu besar mentega tanpa garam
- 4 ulas bawang putih, dikisar
- 1 sudu besar pasli segar, dicincang
- Garam dan lada sulah secukup rasa

ARAHAN:
a) Panaskan ketuhar halogen kepada 375°F (190°C).
b) Dalam kuali, cairkan mentega dan tumis bawang putih kisar sehingga naik bau.
c) Masukkan cendawan, pasli, garam, dan lada sulah. Masak selama 8-10 minit.
d) Pindahkan cendawan ke dalam hidangan yang selamat dalam ketuhar dan bakar selama 5 minit tambahan.

38. Gigitan Kembang Kol Kerbau

BAHAN-BAHAN:
- 1 kembang kol sederhana, dipotong menjadi kuntum
- 1/2 cawan tepung
- 1/2 cawan susu
- 1 sudu kecil serbuk bawang putih
- 1 sudu kecil serbuk bawang
- 1/2 cawan sos kerbau
- Ladang atau saus keju biru untuk dicelup

ARAHAN:
a) Panaskan ketuhar halogen hingga 400°F (200°C).
b) Dalam mangkuk, campurkan tepung, susu, serbuk bawang putih, dan serbuk bawang untuk menghasilkan adunan.
c) Celupkan kuntum bunga kobis ke dalam adunan dan letak di atas rak ketuhar.
d) Bakar selama 20-25 minit, tos separuh. Masukkan sos kerbau sebelum dihidangkan. Hidangkan dengan ranch atau dressing keju biru.

39. Tongkat Mozzarella Oven Halogen

BAHAN-BAHAN:
- 8 batang keju mozzarella string
- 1 cawan serbuk roti
- 1/2 cawan keju Parmesan parut
- 2 biji telur, dipukul
- Sos marinara untuk dicelup

ARAHAN:
a) Panaskan ketuhar halogen kepada 375°F (190°C).
b) Campurkan serbuk roti dan keju Parmesan dalam mangkuk.
c) Celupkan setiap batang mozzarella dalam telur yang telah dipukul, kemudian salutkan dengan adunan serbuk roti.
d) Letakkan di atas rak ketuhar dan bakar selama 10-12 minit sehingga kekuningan. Hidangkan bersama sos marinara.

40. Hummus dan Veggie Platter

BAHAN-BAHAN:
- 1 cawan hummus
- Aneka sayur-sayuran (lobak merah, timun, lada benggala, tomato ceri)
- Roti pita, potong baji

ARAHAN:
a) Panaskan ketuhar halogen kepada 375°F (190°C).
b) Susun hirisan pita di atas rak ketuhar dan panaskan selama 3-5 minit.
c) Letakkan hummus dalam mangkuk hidangan dan kelilinginya dengan pelbagai sayur-sayuran dan roti pita hangat.

41. Asparagus Berbalut Bacon

BAHAN-BAHAN:
- 1 tandan asparagus, dipotong
- 8 keping bacon
- Minyak zaitun
- Garam dan lada sulah secukup rasa
- Lemon wedges untuk dihidangkan

ARAHAN:
a) Panaskan ketuhar halogen kepada 375°F (190°C).
b) Balut setiap lembing asparagus dengan sekeping bacon.
c) Letakkan asparagus yang dibalut daging di atas rak ketuhar, gerimis dengan minyak zaitun, dan perasakan dengan garam dan lada.
d) Bakar selama 15-20 minit sehingga bacon garing. Hidangkan bersama hirisan lemon.

42. Tomato Sundried dan Pesto Bruschetta

BAHAN-BAHAN:
- hirisan baguette
- Tomato kering, dicincang
- sos pesto
- Minyak zaitun
- Balsamic glaze (pilihan)
- Daun selasih segar untuk hiasan

ARAHAN:
a) Panaskan ketuhar halogen kepada 375°F (190°C).
b) Letakkan kepingan baguette di atas rak ketuhar dan bakar selama 3-5 minit.
c) Sapukan pesto pada setiap kepingan, atas dengan tomato sundried, dan gerimis dengan minyak zaitun.
d) Secara pilihan, gerimis dengan balsamic glaze dan hiaskan dengan daun selasih segar sebelum dihidangkan.

HIDANGAN UTAMA

43. Ayam Bakar Herba

BAHAN-BAHAN:
- 1 ekor ayam besar lebih kurang 2.4kg
- 2 sudu teh garam laut
- 1 sudu kecil lada hitam
- 1 sudu kecil herba campuran
- 2 sudu besar minyak zaitun

ARAHAN:
a) Basuh burung dan keringkan dengan tuala dapur, keluarkan penutup pemanas halogen dan letakkan ayam terus ke rak bawah.

b) Dalam mangkuk kecil, campurkan minyak zaitun, garam, lada dan herba dan menggunakan berus pastri, sapu campuran ini ke seluruh burung.

c) Gantikan penutup halogen, tetapkan butang pemasa kepada 60 minit dan suhu kepada 190°C dan panggang sehingga perang keemasan. Uji ayam pada penghujung masa memasak dengan menggunakan lidi ke dalam kaki ayam untuk memastikan jusnya cair.

d) Jika ia sedikit merah jambu, masak selama 10 minit lagi.

e) Gunakan jus masakan dari ayam untuk membuat kuah yang lazat.

44. Salmon dengan dill dan lemon

BAHAN-BAHAN:
- 4 fillet salmon
- 2 sudu besar dill segar, dicincang
- Perahan dan jus 1 lemon
- 2 sudu besar minyak zaitun
- Garam dan lada sulah secukup rasa

ARAHAN:
a) Panaskan ketuhar halogen hingga 400°F (200°C).
b) Letakkan fillet salmon pada hidangan yang selamat dalam ketuhar.
c) Dalam mangkuk, campurkan dill, kulit lemon, jus lemon, minyak zaitun, garam, dan lada.
d) Sudukan adunan ke atas salmon dan bakar selama 12-15 minit atau sehingga salmon masak.

45. Ayam Bakar Bawang Putih Lemon

BAHAN-BAHAN:
- 1 ayam keseluruhan (kira-kira 4-5 paun)
- 4 ulas bawang putih, dikisar
- Perahan dan jus 2 biji lemon
- 2 sudu besar minyak zaitun
- 1 sudu teh thyme kering
- Garam dan lada sulah secukup rasa

ARAHAN:
a) Panaskan ketuhar halogen kepada 375°F (190°C).
b) Dalam mangkuk, campurkan bawang putih cincang, kulit lemon, jus lemon, minyak zaitun, thyme, garam, dan lada.
c) Gosok ayam dengan campuran lemon-bawang putih, pastikan ia bersalut dengan baik.
d) Letakkan ayam di atas rak ketuhar dan panggang selama kira-kira 1 hingga 1.5 jam atau sehingga suhu dalaman mencapai 165°F (74°C).

46. Lada Loceng Sumbat Vegetarian

BAHAN-BAHAN:
- 4 lada benggala besar, dibelah dua dan dibiji
- 1 cawan quinoa masak
- 1 tin (15 auns) kacang hitam, toskan dan bilas
- 1 cawan biji jagung
- 1 cawan tomato potong dadu
- 1 sudu kecil jintan manis
- 1 sudu kecil serbuk cili
- 1/2 cawan keju cheddar yang dicincang

ARAHAN:
a) Panaskan ketuhar halogen kepada 375°F (190°C).
b) Dalam mangkuk, campurkan quinoa yang telah dimasak, kacang hitam, jagung, tomato, jintan manis, serbuk cili, dan separuh daripada keju cheddar yang dicincang.
c) Sumbat setiap separuh lada benggala dengan adunan dan atas dengan baki keju.
d) Letakkan lada sumbat di atas rak ketuhar dan bakar selama 20-25 minit atau sehingga lada lembut.

47. Tumis Daging dan Sayur

BAHAN-BAHAN:
- 1 paun sirloin lembu, dihiris nipis
- 2 cawan kuntum brokoli
- 1 lada benggala, dihiris
- 1 lobak merah, julienned
- 1/4 cawan kicap
- 2 sudu besar sos tiram
- 1 sudu besar minyak bijan
- 2 ulas bawang putih, dikisar
- 1 sudu besar halia, dikisar

ARAHAN:
a) Panaskan ketuhar halogen hingga 400°F (200°C).
b) Dalam mangkuk, campurkan kicap, sos tiram, minyak bijan, bawang putih kisar, dan halia kisar.
c) Dalam kuali atau kuali besar, tumis daging lembu hingga keperangan. Masukkan sayur-sayuran dan tumis selama beberapa minit.
d) Tuangkan sos ke atas daging lembu dan sayur-sayuran, kacau rata, dan masak selama 5 minit tambahan dalam ketuhar halogen.
e) Laraskan masa memasak berdasarkan model dan pilihan ketuhar halogen anda. Nikmati hidangan hidangan utama anda!

48. Tenderloin Babi Panggang Herba Lemon

BAHAN-BAHAN:
- 2 ketul daging babi
- 2 sudu besar minyak zaitun
- Perahan dan jus 1 lemon
- 2 ulas bawang putih, dikisar
- 1 sudu teh rosemary kering
- 1 sudu teh thyme kering
- Garam dan lada sulah secukup rasa

ARAHAN:
a) Panaskan ketuhar halogen hingga 400°F (200°C).
b) Dalam mangkuk, satukan minyak zaitun, kulit lemon, jus lemon, bawang putih cincang, rosemary, thyme, garam dan lada.
c) Gosok tenderloin babi dengan campuran dan letakkannya di atas rak ketuhar.
d) Panggang selama kira-kira 25-30 minit atau sehingga suhu dalaman mencapai 145°F (63°C).

49. Kebab Ayam dan Sayuran

BAHAN-BAHAN:
- 2 dada ayam tanpa tulang tanpa kulit, dipotong menjadi kiub
- Lada benggala, tomato ceri, dan bawang merah, dipotong menjadi kepingan
- 2 sudu besar minyak zaitun
- 1 sudu kecil paprika
- 1 sudu kecil serbuk bawang putih
- Garam dan lada sulah secukup rasa

ARAHAN:
a) Panaskan ketuhar halogen kepada 375°F (190°C).
b) Masukkan ayam dan sayur ke lidi.
c) Dalam mangkuk, campurkan minyak zaitun, paprika, serbuk bawang putih, garam, dan lada sulah.
d) Sapu kabobs dengan adunan dan masak selama 15-20 minit atau sehingga ayam masak sepenuhnya.

50. Lasagna Sayur Ketuhar Halogen

BAHAN-BAHAN:
- Mi lasagna, dimasak mengikut arahan pakej
- 2 cawan keju ricotta
- 2 cawan keju mozzarella yang dicincang
- 1 cawan keju Parmesan parut
- 2 cawan sos marinara
- 2 cawan sayur campur (zucchini, cendawan, bayam)
- Garam, lada sulah dan perasa Itali secukup rasa

ARAHAN:
a) Panaskan ketuhar halogen kepada 375°F (190°C).
b) Dalam hidangan pembakar, lapiskan mi lasagna, keju ricotta, sayur-sayuran campuran, sos marinara dan mozzarella yang dicincang.
c) Ulangi lapisan dan atas dengan Parmesan parut.
d) Tutup dengan foil dan bakar selama 30 minit. Keluarkan foil dan bakar selama 10 minit tambahan atau sehingga keju cair dan berbuih.

51. Udang Scampi dengan Linguine

BAHAN-BAHAN:
- 1 paun linguine, masak
- 1 paun udang besar, dikupas dan dikeringkan
- 4 sudu besar mentega tanpa garam
- 4 ulas bawang putih, dikisar
- 1/2 cawan wain putih
- Jus 1 lemon
- Pasli segar, dicincang
- Garam dan lada sulah secukup rasa

ARAHAN:
a) Panaskan ketuhar halogen hingga 400°F (200°C).
b) Dalam kuali, cairkan mentega dan tumis bawang putih kisar sehingga naik bau.
c) Masukkan udang, wain putih, dan jus lemon. Masak sehingga udang menjadi merah jambu dan legap.
d) Gaulkan linguine yang telah dimasak dengan campuran udang, perasakan dengan garam, lada sulah, dan hiaskan dengan pasli segar yang dicincang.

52. Dada Ayam Sumbat Cendawan dan Bayam

BAHAN-BAHAN:
- 4 dada ayam tanpa tulang dan tanpa kulit
- 1 cawan cendawan, dicincang halus
- 2 cawan bayam segar, dicincang
- 1/2 cawan keju feta, hancur
- 2 ulas bawang putih, dikisar
- Garam dan lada sulah secukup rasa
- Minyak zaitun untuk memberus

ARAHAN:
a) Panaskan ketuhar halogen kepada 375°F (190°C).
b) Dalam kuali, tumis cendawan, bayam, bawang putih, dan keju feta sehingga bayam layu.
c) Potong poket ke dalam setiap dada ayam dan isi dengan campuran cendawan-bayam.
d) Sapu dada ayam dengan minyak zaitun, perasakan dengan garam dan lada sulah, dan bakar selama 25-30 minit atau sehingga ayam masak.

53. Salmon Kacang Mustard Madu

BAHAN-BAHAN:
- 4 fillet salmon
- 1/4 cawan mustard Dijon
- 2 sudu besar madu
- 1 sudu besar kicap
- 1 sudu kecil serbuk bawang putih
- Garam dan lada sulah secukup rasa

ARAHAN:
a) Panaskan ketuhar halogen hingga 400°F (200°C).
b) Dalam mangkuk, pukul bersama mustard Dijon, madu, kicap, serbuk bawang putih, garam dan lada sulah.
c) Sapu fillet salmon dengan sayu mustard madu.
d) Bakar dalam ketuhar halogen selama 12-15 minit atau sehingga salmon mudah mengelupas dengan garpu.

54. Halogen Parmesan Terung

BAHAN-BAHAN:
- 1 biji terung besar, dihiris
- 2 cawan sos marinara
- 1 cawan keju mozzarella yang dicincang
- 1/2 cawan keju Parmesan parut
- 1 cawan serbuk roti
- 2 biji telur, dipukul
- Basil segar untuk hiasan

ARAHAN:
a) Panaskan ketuhar halogen kepada 375°F (190°C).
b) Celupkan hirisan terung dalam telur yang telah dipukul, kemudian salut dengan serbuk roti.
c) Susun terung yang dilapisi tepung roti dalam loyang, lapiskan dengan sos marinara, mozzarella dan Parmesan.
d) Bakar selama 25-30 minit atau sehingga keju cair dan berbuih. Hiaskan dengan selasih segar sebelum dihidangkan.

55. Ayam Teriyaki Tumis

BAHAN-BAHAN:
- 1 paun dada ayam tanpa tulang tanpa kulit, dihiris
- 2 cawan kuntum brokoli
- 1 lada benggala, dihiris
- 1 lobak merah, julienned
- 1/2 cawan sos teriyaki
- 2 sudu besar kicap
- 1 sudu besar minyak bijan
- 1 sudu besar tepung jagung
- Biji bijan dan bawang hijau untuk hiasan

ARAHAN:
a) Panaskan ketuhar halogen hingga 400°F (200°C).
b) Dalam mangkuk, campurkan sos teriyaki, kicap, minyak bijan, dan tepung jagung.
c) Tumis ayam dan sayur dalam kuali sehingga masak.
d) Tuangkan sos teriyaki ke atas ayam dan sayur-sayuran, kacau rata, dan masak selama 5 minit tambahan dalam ketuhar halogen. Hiaskan dengan bijan dan bawang hijau.

56. Pasta Udang Mentega Bawang Putih

BAHAN-BAHAN:
- 1 paun udang, dikupas dan dikeringkan
- 8 auns linguine atau spageti
- 4 sudu besar mentega tanpa garam
- 4 ulas bawang putih, dikisar
- 1/2 cawan air rebusan ayam
- 1/4 cawan krim berat
- Garam dan lada sulah secukup rasa
- Pasli segar untuk hiasan

ARAHAN:
a) Panaskan ketuhar halogen hingga 400°F (200°C).
b) Masak pasta mengikut arahan pakej.
c) Dalam kuali, cairkan mentega dan tumis bawang putih kisar sehingga naik bau.
d) Masukkan udang, sup ayam, krim pekat, garam, dan lada sulah. Masak sehingga udang menjadi merah jambu dan legap. Hidangkan di atas pasta yang telah dimasak dan hiaskan dengan pasli segar.

57. Skuasy Acorn Sumbat dengan Quinoa dan Chickpea

BAHAN-BAHAN:
- 2 labu acorn, dibelah dua dan dibuang biji
- 1 cawan quinoa masak
- 1 tin (15 auns) kacang ayam, toskan dan bilas
- 1/2 cawan cranberry kering
- 1/4 cawan pecan cincang
- 1 sudu teh kayu manis
- 2 sudu besar sirap maple
- Garam dan lada sulah secukup rasa

ARAHAN:
a) Panaskan ketuhar halogen kepada 375°F (190°C).
b) Dalam mangkuk, campurkan quinoa yang telah dimasak, kacang ayam, cranberry, pecan, kayu manis, sirap maple, garam dan lada.
c) Sumbat setiap skuasy acorn separuh dengan campuran quinoa.
d) Masukkan ke dalam ketuhar halogen dan bakar selama 25-30 minit atau sehingga labu empuk.

58. Ikan Kod Bakar Herba Lemon

BAHAN-BAHAN:
- 4 fillet ikan kod
- 2 sudu besar minyak zaitun
- Perahan dan jus 1 lemon
- 2 ulas bawang putih, dikisar
- 1 sudu teh oregano kering
- 1 sudu teh thyme kering
- Garam dan lada sulah secukup rasa

ARAHAN:
a) Panaskan ketuhar halogen hingga 400°F (200°C).
b) Dalam mangkuk, campurkan minyak zaitun, kulit lemon, jus lemon, bawang putih cincang, oregano, thyme, garam dan lada.
c) Letakkan fillet ikan kod pada hidangan yang selamat dalam ketuhar dan sapu dengan campuran herba lemon.
d) Bakar selama 12-15 minit atau sehingga ikan mudah mengelupas menggunakan garfu.

59. Payudara Ayam Sumbat Bayam dan Feta

BAHAN-BAHAN:
- 4 dada ayam tanpa tulang dan tanpa kulit
- 2 cawan bayam segar
- 1/2 cawan keju feta hancur
- 2 sudu besar minyak zaitun
- 2 ulas bawang putih, dikisar
- Garam dan lada sulah secukup rasa

ARAHAN:
a) Panaskan ketuhar halogen kepada 375°F (190°C).
b) Dalam kuali, tumis bayam dan bawang putih kisar dalam minyak zaitun sehingga layu.
c) Potong poket ke dalam setiap dada ayam dan sumbat dengan campuran bayam-feta.
d) Bakar dalam ketuhar halogen selama 25-30 minit atau sehingga ayam masak.

60. Batang Drum Ayam Barbeku

BAHAN-BAHAN:
- 8 batang paha ayam
- 1 cawan sos barbeku
- 2 sudu besar kicap
- 2 sudu besar madu
- 1 sudu kecil serbuk bawang putih
- Garam dan lada sulah secukup rasa
- Biji bijan dan bawang hijau dicincang untuk hiasan

ARAHAN:
a) Panaskan ketuhar halogen hingga 400°F (200°C).
b) Dalam mangkuk, campurkan sos barbeku, kicap, madu, serbuk bawang putih, garam dan lada sulah.
c) Salutkan drumstick ayam dengan sos dan letakkan di atas rak ketuhar.
d) Bakar selama 30-35 minit atau sehingga ayam masak, sapu dengan sos tambahan separuh. Hiaskan dengan bijan dan bawang hijau yang dihiris.

61. Kari Chickpea Vegetarian

BAHAN-BAHAN:
- 2 tin (15 auns setiap satu) kacang ayam, toskan dan bilas
- 1 tin (14 auns) tomato dipotong dadu
- 1 biji bawang, dicincang halus
- 2 ulas bawang putih, dikisar
- 1 sudu besar serbuk kari
- 1 sudu teh jintan kisar
- 1 sudu teh ketumbar kisar
- 1/2 sudu teh kunyit
- Garam dan lada sulah secukup rasa
- 1/2 cawan santan
- Ketumbar segar untuk hiasan

ARAHAN:
a) Panaskan ketuhar halogen kepada 375°F (190°C).
b) Dalam hidangan pembakar, satukan kacang ayam, tomato dadu, bawang cincang, bawang putih cincang, serbuk kari, jintan putih, ketumbar, kunyit, garam dan lada sulah.
c) Tuangkan santan ke atas adunan tadi dan kacau rata.
d) Bakar selama 25-30 minit atau sehingga panas. Hiaskan dengan daun ketumbar segar sebelum dihidangkan.

62. Sosej dan Lada Bakar

BAHAN-BAHAN:
- 1 paun sosej Itali, dihiris
- 2 biji lada benggala, dihiris
- 1 biji bawang, dihiris
- 1 tin (14 auns) tomato dipotong dadu
- 2 ulas bawang putih, dikisar
- 1 sudu teh oregano kering
- 1 sudu teh selasih kering
- Garam dan lada sulah secukup rasa
- 2 sudu besar minyak zaitun

ARAHAN:
a) Panaskan ketuhar halogen hingga 400°F (200°C).
b) Dalam hidangan pembakar, satukan hirisan sosej, lada benggala, bawang besar, tomato dadu, bawang putih cincang, oregano, basil, garam dan lada sulah.
c) Gerimis dengan minyak zaitun dan toskan hingga melapisi.
d) Bakar selama 30-35 minit atau sehingga sosej masak dan sayur empuk.

63. Lamb Chops dengan Rosemary dan Bawang Putih

BAHAN-BAHAN:
- 8 ketul kambing
- 4 sudu besar minyak zaitun
- 4 ulas bawang putih, dikisar
- 2 sudu besar rosemary segar, dicincang
- Garam dan lada sulah secukup rasa
- Lemon wedges untuk dihidangkan

ARAHAN:
a) Panaskan ketuhar halogen hingga 400°F (200°C).
b) Dalam mangkuk, campurkan minyak zaitun, bawang putih cincang, rosemary cincang, garam dan lada sulah.
c) Salutkan daging kambing dengan adunan dan letakkan di atas rak ketuhar.
d) Bakar selama 15-20 minit atau sehingga kambing masak mengikut citarasa anda. Hidangkan bersama hirisan lemon.

64. Tumis Udang dan Brokoli

BAHAN-BAHAN:
- 1 paun udang besar, dikupas dan dikeringkan
- 2 cawan kuntum brokoli
- 1 lada benggala merah, dihiris
- 2 sudu besar kicap
- 1 sudu besar sos tiram
- 1 sudu besar minyak bijan
- 2 ulas bawang putih, dikisar
- 1 sudu besar halia, dikisar
- Bawang hijau untuk hiasan

ARAHAN:
a) Panaskan ketuhar halogen hingga 400°F (200°C).
b) Dalam mangkuk, campurkan kicap, sos tiram, dan minyak bijan.
c) Tumis udang, brokoli, lada benggala merah, bawang putih dan halia dalam kuali.
d) Tuangkan sos ke atas tumisan dan masak selama 5 minit lagi. Hiaskan dengan bawang hijau.

65. Kufteta Bulgaria panggang

BAHAN-BAHAN:
- 500 g daging cincang
- 1 biji telur
- tengah 2 keping roti kering
- 1 biji bawang kecil (pilihan)
- garam dan rempah secukup rasa (sedap, lada hitam, oregano, thyme)

ARAHAN:
a) Mulakan dengan merendam roti kering di dalam air, kemudian perah lebihan air dan masukkan ke dalam daging cincang.
b) Masukkan telur, bawang parut (pilihan), dan perasakan campuran dengan garam dan rempah ratus seperti pedas, lada hitam, oregano, dan thyme.
c) Uli daging cincang dengan teliti dan biarkan ia berehat di dalam peti sejuk selama sekurang-kurangnya 20 minit untuk menyerap rasa.
d) Dengan tangan yang basah, bentukkan adunan menjadi bebola daging dan masukkan ke dalam kuali yang sesuai yang telah digris sedikit.
e) Letakkan kuali di atas rak atas ketuhar halogen dan bakar selama 10-15 minit atau sehingga bebola daging berwarna perang keemasan pada suhu 225°C.
f) Putar bebola daging dan teruskan membakar selama 10 minit tambahan pada suhu yang sama.

66. Skuasy Butternut dan Sage Risotto

BAHAN-BAHAN:
- 1 cawan beras Arborio
- 4 cawan sup sayur-sayuran, dipanaskan
- 1 labu butternut kecil, kupas dan potong dadu
- 1 biji bawang, dicincang halus
- 2 sudu besar minyak zaitun
- 1/2 cawan wain putih kering
- 2 sudu besar sage segar, dicincang
- 1/2 cawan keju Parmesan parut
- Garam dan lada sulah secukup rasa

ARAHAN:
a) Panaskan ketuhar halogen kepada 375°F (190°C).
b) Dalam hidangan besar yang selamat untuk ketuhar, tumis bawang dalam minyak zaitun sehingga lut sinar.
c) Masukkan beras Arborio dan masak selama 2 minit. Tuangkan wain putih dan masak sehingga kebanyakannya sejat.
d) Masukkan labu butternut, sage, dan sup sayur panas. Kacau rata, tutup dan bakar selama 30-35 minit atau sehingga nasi berkrim. Masukkan keju Parmesan, garam dan lada sulah.

67. Peha Ayam Kacang Bijan Madu

BAHAN-BAHAN:
- 8 peha ayam di dalam tulang dan di kulit
- 1/4 cawan kicap
- 2 sudu besar madu
- 1 sudu besar minyak bijan
- 2 ulas bawang putih, dikisar
- 1 sudu besar halia, dikisar
- Biji bijan dan hirisan bawang hijau untuk hiasan

ARAHAN:
a) Panaskan ketuhar halogen hingga 400°F (200°C).
b) Dalam mangkuk, campurkan kicap, madu, minyak bijan, bawang putih, dan halia.
c) Sapu paha ayam dengan sos dan letakkan di atas rak ketuhar.
d) Bakar selama 35-40 minit atau sehingga ayam masak. Hiaskan dengan bijan dan bawang hijau.

68. Lada Loceng Sumbat dengan Ground Turkey dan Quinoa

BAHAN-BAHAN:
- 4 lada benggala, dibelah dua dan dibiji
- 1 paun ayam belanda tanah
- 1 cawan quinoa masak
- 1 tin (14 auns) tomato dipotong dadu
- 1 cawan kacang hitam, toskan dan bilas
- 1 sudu kecil jintan manis
- 1 sudu kecil serbuk cili
- Garam dan lada sulah secukup rasa
- Keju cheddar yang dicincang untuk topping

ARAHAN:
a) Panaskan ketuhar halogen kepada 375°F (190°C).
b) Dalam kuali, masak ayam belanda yang dikisar sehingga keperangan. Masukkan quinoa masak, tomato potong dadu, kacang hitam, jintan putih, serbuk cili, garam dan lada sulah.
c) Isi setiap separuh lada benggala dengan campuran quinoa ayam belanda dan atasnya dengan keju cheddar yang dicincang.
d) Bakar selama 25-30 minit atau sehingga lada empuk dan keju cair.

HIDANGAN SAMPINGAN

69. Sayur Panggang

BAHAN-BAHAN:
- 4 biji kentang baru yang kecil, kulit digosok tetapi tidak dikupas
- 1 merah, 1 hijau, 1 kuning, 1 lada oren, dibuang biji dan dihiris tebal
- 2 biji bawang putih, dibelah empat
- 10 ulas bawang putih dibiarkan utuh dengan kulit masih ada
- 12 tomato ceri pada pokok anggur
- 3 cendawan berangan besar, dibelah empat
- 1 labu kuning, dihiris pada sudut
- 1 sudu kecil herba campuran
- 2 sudu besar minyak zaitun
- Garam laut
- Lada hitam secukup rasa

ARAHAN:
a) Letakkan semua bahan ke dalam hidangan panggang dalam bulat besar, toskan dengan minyak zaitun, perasakan secukup rasa dan taburkan ke atas herba campuran.
b) Letakkan dalam ketuhar halogen pada rak bawah, tetapkan pemasa kepada 35 minit dan tombol suhu kepada 210°C.

70. Kentang Jaket

BAHAN-BAHAN:
- 4 biji kentang bersaiz besar
- Minyak zaitun
- Garam laut

ARAHAN:
a) Basuh dan cucuk kentang dan masukkan ke dalam ketuhar halogen di rak bawah.
b) Tetapkan butang pemasa kepada 40 minit dan tetapkan suhu kepada 200°C.
c) 3Keluarkan dan hidangkan dengan topping pilihan anda! Ia semudah itu!

71. Souffle Keju Oven Halogen

BAHAN-BAHAN:
- 175g keju cheddar matang, hancur
- 6 biji telur jarak bebas, diasingkan
- 500g crème fraîche
- Lada cayenne secukup rasa
- 1 ulas bawang putih, ditumbuk
- Garam laut dan lada cayenne secukup rasa
- 2 sudu besar mentega tanpa garam
- 50g keju Parmesan yang baru diparut
- Secubit buah pala yang baru diparut
- Perahan dan jus 1 lemon

ARAHAN:
a) Letakkan keju, kuning telur, lada cayenne, garam dan bawang putih yang dihancurkan dalam pemproses makanan atau pengisar (pengisar mangkuk dan kayu juga akan melakukan kerja) dan pukul sehingga teksturnya licin.

b) Masukkan crème fraiche dan blitz lagi sehingga sebati.

c) Dalam mangkuk keluli tahan karat yang bersih tanpa noda, pukul putih telur sehingga ia membentuk puncak kaku dan kemudian lipat ini ke dalam campuran creme fraiche.

d) Lapik bahagian dalam setiap 6 ramekin dengan mentega dan kemudian taburkan keju Parmesan untuk melekat pada bahagian tepi dan pangkal ramekin yang telah disapu mentega sambil mengoncang lebihan.

e) Tuangkan cecair ke dalam setiap ramekin dan isi sehingga paras $\frac{3}{4}$.
f) Letakkan pada rak bawah dalam ketuhar halogen dan tetapkan pemasa kepada 12 minit, dan tombol suhu kepada 180°C.
g) Bakar hingga kekuningan dan kembang elok.
h) Taburkan dengan buah pala parut dan hidangkan segera.

72. Kentang Tumbuk Bawang Putih Panggang

BAHAN-BAHAN:
- 4 biji kentang besar, kupas dan potong dadu
- 4 ulas bawang putih, dikupas
- 1/2 cawan susu
- 4 sudu besar mentega tanpa garam
- Garam dan lada sulah secukup rasa
- Daun kucai dicincang untuk hiasan

ARAHAN:
a) Panaskan ketuhar halogen hingga 400°F (200°C).
b) Letakkan ubi kentang dan bawang putih di atas rak ketuhar. Bakar selama 25-30 minit atau sehingga kentang empuk.
c) Dalam periuk, panaskan susu dan mentega hingga suam.
d) Tumbuk bawang putih panggang dan kentang bersama-sama, secara beransur-ansur menambah campuran susu-mentega suam. Perasakan dengan garam dan lada sulah, dan hiaskan dengan daun kucai yang dihiris.

73. Bawang Putih Parmesan Panggang Brussels Sprout

BAHAN-BAHAN:
- 1 paun pucuk Brussels, dipotong dan dibelah dua
- 2 sudu besar minyak zaitun
- 3 ulas bawang putih, dikisar
- 1/4 cawan parut keju Parmesan
- Garam dan lada sulah secukup rasa
- Lemon wedges untuk dihidangkan

ARAHAN:
a) Panaskan ketuhar halogen hingga 400°F (200°C).
b) Toskan pucuk Brussels dengan minyak zaitun, bawang putih cincang, keju Parmesan, garam dan lada sulah.
c) Sapukan pucuk Brussels di atas rak ketuhar dan panggang selama 20-25 minit atau sehingga ia berwarna perang keemasan.
d) Hidangkan bersama hirisan lemon untuk kesegaran.

74. Bayam berkrim dan Celup Articok

BAHAN-BAHAN:
- 1 bungkusan (10 auns) bayam cincang beku, dicairkan dan toskan
- 1 tin (14 auns) hati articok, toskan dan cincang
- 1 cawan mayonis
- 1 cawan krim masam
- 1 cawan keju Parmesan parut
- 1 cawan keju mozzarella yang dicincang
- 2 ulas bawang putih, dikisar
- Garam dan lada sulah secukup rasa
- Cip tortilla atau baguette yang dihiris untuk dihidangkan

ARAHAN:
a) Panaskan ketuhar halogen kepada 375°F (190°C).
b) Dalam mangkuk adunan, satukan bayam cincang, hati articok cincang, mayonis, krim masam, keju Parmesan, keju mozzarella, bawang putih cincang, garam dan lada sulah.
c) Pindahkan adunan ke dalam hidangan yang selamat dalam ketuhar dan bakar selama 25-30 minit atau sehingga panas dan berbuih.
d) Hidangkan dengan kerepek tortilla atau baguette yang dihiris.

75. Lobak Panggang Herba

BAHAN-BAHAN:
- 1 paun lobak bayi
- 2 sudu besar minyak zaitun
- 1 sudu teh thyme kering
- 1 sudu teh rosemary kering
- Garam dan lada sulah secukup rasa
- Pasli segar untuk hiasan

ARAHAN:
a) Panaskan ketuhar halogen hingga 400°F (200°C).
b) Toskan lobak merah bayi dengan minyak zaitun, thyme kering, rosemary kering, garam dan lada sulah.
c) Sapukan lobak merah di atas rak ketuhar dan panggang selama 20-25 minit atau sehingga ia lembut dan keemasan.
d) Hiaskan dengan pasli segar sebelum dihidangkan.

76. Kentang Goreng Keledek Bakar

BAHAN-BAHAN:
- 2 biji keledek besar, potong goreng
- 2 sudu besar minyak zaitun
- 1 sudu kecil paprika
- 1 sudu kecil serbuk bawang putih
- Garam dan lada sulah secukup rasa
- Pasli segar untuk hiasan

ARAHAN:
a) Panaskan ketuhar halogen hingga 400°F (200°C).
b) Toskan kentang goreng dengan minyak zaitun, paprika, serbuk bawang putih, garam dan lada sulah.
c) Sapukan kentang goreng di atas rak ketuhar dan bakar selama 20-25 minit atau sehingga garing dan keemasan.
d) Hiaskan dengan pasli segar sebelum dihidangkan.

77. Quinoa dan Pilaf Sayuran

BAHAN-BAHAN:
- 1 cawan quinoa, dibilas
- 2 cawan sup sayur
- 1 sudu besar minyak zaitun
- 1 biji bawang, dicincang halus
- 2 lobak merah, potong dadu
- 1 lada benggala, potong dadu
- 1 cawan kacang pea beku
- Garam dan lada sulah secukup rasa
- Herba segar (seperti pasli atau ketumbar) untuk hiasan

ARAHAN:
a) Panaskan ketuhar halogen kepada 375°F (190°C).
b) Dalam periuk, tumis bawang cincang dalam minyak zaitun sehingga lut sinar.
c) Tambah quinoa dan sup sayur-sayuran. Masukkan lobak merah, lada benggala, dan kacang polong beku.
d) Tutup hidangan dan bakar selama 20-25 minit atau sehingga quinoa masak dan sayur-sayuran lembut. Gebu dengan garfu dan hiaskan dengan herba segar sebelum dihidangkan.

78. Kaserol Brokoli Bakar Cheesy

BAHAN-BAHAN:
- 4 cawan kuntum brokoli
- 1 cawan keju cheddar yang dicincang
- 1/2 cawan mayonis
- 1/4 cawan parut keju Parmesan
- 1 sudu teh mustard Dijon
- 1 ulas bawang putih, dikisar
- Garam dan lada sulah secukup rasa
- Serbuk roti untuk topping

ARAHAN:
a) Panaskan ketuhar halogen kepada 375°F (190°C).
b) Kukus brokoli hingga empuk sedikit.
c) Dalam mangkuk, campurkan keju cheddar, mayonis, keju Parmesan, mustard Dijon, bawang putih cincang, garam dan lada sulah.
d) Satukan campuran keju dengan brokoli kukus, pindahkan ke dalam hidangan yang selamat dalam ketuhar, taburkan serbuk roti, dan bakar selama 15-20 minit atau sehingga bahagian atasnya berwarna keemasan dan berbuih.

79. Kembang kol dan Gratin Keju

BAHAN-BAHAN:
- 1 kepala kembang kol, potong bunga
- 1 cawan keju Gruyère yang dicincang
- 1 cawan keju cheddar yang dicincang
- 1 cawan susu
- 2 sudu besar tepung serba guna
- 2 sudu besar mentega tanpa garam
- Garam dan lada sulah secukup rasa
- Daun kucai segar untuk hiasan

ARAHAN:
a) Panaskan ketuhar halogen kepada 375°F (190°C).
b) Kukus bunga kobis sehingga empuk.
c) Dalam periuk, cairkan mentega, tambah tepung, dan pukul susu. Kacau hingga pekat.
d) Keluarkan dari api dan kacau dalam Gruyère dan keju cheddar sehingga cair. Campurkan dengan kembang kol kukus, pindahkan ke dalam hidangan yang selamat dalam ketuhar, dan bakar selama 15-20 minit atau sehingga bahagian atas berwarna keemasan. Hiaskan dengan daun kucai segar sebelum dihidangkan.

80. Kentang Panggang Herba Bawang Putih

BAHAN-BAHAN:
- 2 paun kentang bayi, dibelah dua
- 3 sudu besar minyak zaitun
- 4 ulas bawang putih, dikisar
- 1 sudu teh rosemary kering
- 1 sudu teh thyme kering
- Garam dan lada sulah secukup rasa
- Pasli segar yang dicincang untuk hiasan

ARAHAN:
a) Panaskan ketuhar halogen hingga 400°F (200°C).
b) Dalam mangkuk, toskan kentang bayi yang dibelah dua dengan minyak zaitun, bawang putih cincang, rosemary, thyme, garam dan lada sulah.
c) Sapukan kentang di atas rak ketuhar dan panggang selama 25-30 minit atau sehingga keemasan dan garing.
d) Hiaskan dengan pasli segar cincang sebelum dihidangkan.

81. Asparagus Bakar dengan Parmesan

BAHAN-BAHAN:
- 1 tandan asparagus, dipotong
- 2 sudu besar minyak zaitun
- 1/4 cawan parut keju Parmesan
- 2 ulas bawang putih, dikisar
- Garam dan lada sulah secukup rasa
- Lemon wedges untuk dihidangkan

ARAHAN:
a) Panaskan ketuhar halogen hingga 400°F (200°C).
b) Tos asparagus dengan minyak zaitun, Parmesan parut, bawang putih cincang, garam dan lada sulah.
c) Susun asparagus di atas rak ketuhar dan bakar selama 10-12 minit atau sehingga lembut.
d) Hidangkan bersama hirisan lemon untuk sentuhan yang menyegarkan.

82. Lobak Sayu Madu

BAHAN-BAHAN:
- 1 paun lobak bayi
- 2 sudu besar madu
- 1 sudu besar mentega tanpa garam
- 1 sudu teh mustard Dijon
- Garam dan lada sulah secukup rasa
- Dill segar untuk hiasan

ARAHAN:
a) Panaskan ketuhar halogen kepada 375°F (190°C).
b) Dalam periuk, cairkan mentega, masukkan madu dan mustard Dijon, dan kacau sehingga sebati.
c) Toskan lobak merah bayi dengan sayu madu, garam dan lada sulah.
d) Pindahkan ke dalam hidangan yang selamat dalam ketuhar dan bakar selama 20-25 minit atau sehingga lobak merah menjadi sayu dan lembut. Hiaskan dengan dill segar sebelum dihidangkan.

83. Skuasy Butternut Panggang dengan Maple Glaze

BAHAN-BAHAN:
- 1 labu butternut, kupas dan potong dadu
- 2 sudu besar minyak zaitun
- 2 sudu besar sirap maple
- 1 sudu teh kayu manis
- Garam dan lada sulah secukup rasa
- Pecan cincang untuk hiasan

ARAHAN:
a) Panaskan ketuhar halogen hingga 400°F (200°C).
b) Toskan labu butternut dadu dengan minyak zaitun, sirap maple, kayu manis, garam dan lada sulah.
c) Sapukan skuasy di atas rak ketuhar dan panggang selama 25-30 minit atau sehingga lembut dan karamel.
d) Hiaskan dengan pecan cincang sebelum dihidangkan.

84. Jagung Bakar dengan Mentega Cili Limau

BAHAN-BAHAN:
- 4 biji jagung, dikupas
- 4 sudu besar mentega tanpa garam, cair
- Perahan dan jus 1 limau nipis
- 1 sudu kecil serbuk cili
- Garam secukup rasa
- Ketumbar cincang untuk hiasan

ARAHAN:
a) Panaskan ketuhar halogen hingga 400°F (200°C).
b) Dalam mangkuk, campurkan mentega cair, kulit limau nipis, jus limau nipis, serbuk cili, dan garam.
c) Sapu jagung dengan mentega cili limau dan letakkan di atas rak ketuhar.
d) Bakar selama 15-20 minit atau sehingga jagung empuk, pusing sekali-sekala. Hiaskan dengan ketumbar cincang sebelum dihidangkan.

PENJERAHAN

85. Puding Marmalade Roti dan Mentega

BAHAN-BAHAN:
- 75g mentega tanpa garam
- 75g sultana
- 3 sudu besar rum gelap
- 10 keping roti coklat atau putih
- 1sb halia marmalade
- 4 biji kuning telur
- 1 biji telur sederhana
- 3sb gula halus
- 500ml krim berganda
- 200ml susu penuh lemak
- 1 sudu kecil halia kisar
- 2sb gula demarara

ARAHAN:
a) Masukkan sultana dalam mangkuk dengan rum gelap dan gelombang mikro selama 1 minit.
b) Berdiri dan sejukkan dan biarkan rendam selama 1 jam.
c) Mentega kedua-dua belah roti dengan mentega cair.
d) Sapukan 1 bahagian setiap kepingan dengan marmalade.
e) Potong segi tiga dan susun dalam loyang kek bulat.
f) Campurkan sultana berperisa rum di antara lapisan roti.
g) Pukul kuning telur dan telur bersama gula halus.
h) Tuangkan adunan telur dengan krim dan susu.
i) Tuangkan ke atas roti dan biarkan rendam selama 4 jam.

j) Sapu kerak dengan halia campur dan gula demerara.
k) Letakkan dalam ketuhar halogen pada tetapan rak bawah, putar suis pemasa kepada 30 minit dan kemudian putar tombol suhu kepada 195°C.
l) Taburkan dengan gula demerara dan taburkan dengan mentega, kemudian hidangkan dengan krim segar.

86. Raspberi, beri biru dan beri hitam Pavlova

BAHAN-BAHAN:
- 3 putih telur besar
- 185g gula halus
- 2 sudu kecil ekstrak vanila
- ½ sudu kecil cuka wain putih 1 sudu kecil tepung jagung bulat
- 1 x 300ml tab krim berganda
- 375g campuran raspberi, beri hitam dan beri biru, dibasuh dan ditoskan

ARAHAN:
a) Dalam mangkuk adunan keluli tahan karat yang bersih, pukul putih telur menggunakan pengadun tangan elektrik sehingga tekstur putih telur menjadi kaku. Sekarang masukkan separuh gula secara beransur-ansur dan pukul ke dalam putih telur sehingga sebati dan tekstur berkilat.
b) Masukkan baki gula bersama ekstrak vanila, cuka wain putih dan tepung jagung.
c) Sekarang letakkan campuran ke dalam beg paip dengan muncung yang sesuai dan paipkan campuran meringue, bermula di tengah acuan silikon dan pusing-pusing dalam gerakan bulat untuk menutupi keseluruhan tapak. Pergi ke sekeliling tepi sekali lagi untuk memberikan sempadan yang dinaikkan.
d) Letakkan dalam ketuhar halogen pada rak bawah dan tetapkan suhu kepada 150°C dan butang pemasa kepada 60 minit.

e) Meringue harus garing dan kering apabila disentuh, jika tidak bakar selama beberapa minit lagi.
f) Biarkan sejuk sedikit dalam acuan silikon sebelum dipindahkan ke rak penyejuk. Biarkan sejuk sepenuhnya.
g) Apabila meringue sejuk, pukul krim dalam mangkuk adunan dengan menggunakan whisk sehingga puncak pejal terbentuk. Sekarang masukkan ke dalam piping bag dan paipkan di atas meringue, kemudian susun buah di atas dan hidangkan segera.

87. Halogen Oven Lobak merah dan kek pisang

BAHAN-BAHAN:
UNTUK KEK
- 2 biji pisang masak besar, tumbuk, menggunakan garpu 175ml minyak bunga matahari
- 150g gula perang gelap lembut
- 4 biji telur besar, dipukul sedikit
- 125g lobak merah, parut
- 115g sultana
- 115g walnut, tumbuk menjadi kepingan menggunakan penggelek
- Serbuk 2 biji oren
- Jus 1 oren
- 1 sudu kecil soda bikarbonat bulat
- 1 sdt bulat kayu manis tanah
- 300g tepung biasa

UNTUK AIS
- 150g keju krim Philadelphia
- 100g gula aising, diayak
- Perahan dan jus 1 lemon

ARAHAN:
a) Ambil kuali kek segi empat sama Hakim bahagian bawah yang longgar dan gris dengan mentega dan alas dengan parchment dan ketepikan.
b) Letakkan pisang lecek, minyak, gula, telur, lobak merah, sultana, walnut dan jus serta kulit oren ke dalam mangkuk adunan yang besar dan bawa bersama senduk kayu.

c) Ayak tepung, soda bikarbonat, kayu manis dan serbuk penaik di atas bahan basah dan pukul, menggunakan pemukul tangan elektrik sehingga rata.
d) Tuang adunan ke dalam loyang yang telah disediakan dan masukkan ke dalam ketuhar halogen pada rak bawah dan masak selama 35 minit pada suhu 180°C.
e) Kecilkan api kepada 160°C dan teruskan membakar selama 30-40 minit lagi atau sehingga kek masak. Uji dengan memasukkan skru logam dan jika keluar bersih barulah kek siap.
f) Biarkan sejuk sedikit dalam tin selama kira-kira 10 minit kemudian keluarkan ke rak penyejuk dan biarkan sejuk sepenuhnya.
g) Untuk aising pukul semua bahan dalam mangkuk dengan sudu kayu dan paipkan ke atas kek.

88. Mini Berry Hancur

BAHAN-BAHAN:
- 2 cawan beri campuran (strawberi, beri biru, raspberi)
- 1/4 cawan gula pasir
- 1 sudu besar tepung jagung
- 1 cawan oat kuno
- 1/2 cawan tepung
- 1/2 cawan gula perang
- 1/4 cawan mentega tanpa garam, cair
- Aiskrim vanila untuk dihidangkan

ARAHAN:
a) Panaskan ketuhar halogen kepada 375°F (190°C).
b) Dalam mangkuk, toskan beri campuran dengan gula pasir dan tepung jagung. Bahagikan adunan antara ramekin.
c) Dalam mangkuk lain, satukan oat, tepung, gula perang, dan mentega cair. Gaul hingga lumat.
d) Taburkan campuran oat ke atas beri dalam ramekin. Bakar selama 20-25 minit atau sehingga topping berwarna keemasan.
e) Hidangkan hangat dengan sesudu ais krim vanila.

89. Kek Lava Coklat

BAHAN-BAHAN:

- 1/2 cawan mentega tanpa garam
- 4 auns coklat separuh manis, dicincang
- 1 cawan gula tepung
- 2 biji telur besar
- 2 biji kuning telur
- 1 sudu teh ekstrak vanila
- 1/4 cawan tepung serba guna
- Secubit garam
- Serbuk koko untuk habuk

ARAHAN:

a) Panaskan ketuhar halogen hingga 400°F (200°C).
b) Dalam mangkuk selamat microwave, cairkan mentega dan coklat bersama-sama. Kacau hingga rata.
c) Masukkan gula tepung, telur, kuning telur, ekstrak vanila, tepung, dan secubit garam sehingga sebati.
d) Griskan ramekin dan isi dengan adunan. Letakkan ramekin di atas rak ketuhar.
e) Bakar selama 10-12 minit atau sehingga bahagian tepi ditetapkan tetapi bahagian tengah masih lembut.
f) Taburkan serbuk koko dan hidangkan segera.

90. Puding Roti Kayu Manis Epal

BAHAN-BAHAN:
- 4 cawan roti kiub (roti basi berfungsi dengan baik)
- 2 biji epal besar, dikupas dan dipotong dadu
- 1/2 cawan kismis
- 4 biji telur besar
- 2 cawan susu
- 1/2 cawan gula pasir
- 1 sudu teh ekstrak vanila
- 1 sudu teh kayu manis tanah
- 1/4 sudu teh buah pala
- Sos karamel untuk merebus

ARAHAN:
a) Panaskan ketuhar halogen hingga 350°F (175°C).
b) Dalam mangkuk besar, satukan roti potong dadu, epal potong dadu dan kismis.
c) Dalam mangkuk lain, pukul bersama telur, susu, gula, ekstrak vanila, kayu manis, dan buah pala.
d) Tuangkan adunan telur ke atas adunan roti dan biarkan selama 15 minit.
e) Pindahkan adunan ke dalam loyang dan bakar selama 30-35 minit atau sehingga bahagian atas berwarna keemasan.
f) Siram dengan sos karamel sebelum dihidangkan.

91. Halogen Oven Peach Cobbler

BAHAN-BAHAN:
- 4 cawan pic yang dihiris
- 1/2 cawan gula pasir
- 1 sudu besar jus lemon
- 1 cawan tepung serba guna
- 1 cawan gula pasir
- 1 sudu kecil serbuk penaik
- 1/2 sudu teh garam
- 1 cawan susu
- 1/2 cawan mentega tanpa garam, cair
- Aiskrim vanila untuk dihidangkan

ARAHAN:
a) Panaskan ketuhar halogen kepada 375°F (190°C).
b) Dalam mangkuk, campurkan hirisan pic dengan gula dan jus lemon. Sapukan adunan dalam loyang yang telah digris.
c) Dalam mangkuk lain, pukul bersama tepung, gula, serbuk penaik, garam, susu, dan mentega cair. Tuangkan adunan ke atas pic.
d) Bakar selama 35-40 minit atau sehingga bahagian atas berwarna perang keemasan. Hidangkan hangat bersama aiskrim vanila.

92. Roti Kacang Pisang

BAHAN-BAHAN:
- 3 biji pisang masak, tumbuk
- 1/2 cawan mentega tanpa garam, cair
- 1 sudu teh ekstrak vanila
- 1 biji telur, dipukul
- 1 sudu teh baking soda
- Secubit garam
- 1 1/2 cawan tepung serba guna
- 1/2 cawan walnut cincang

ARAHAN:
a) Panaskan ketuhar halogen hingga 350°F (175°C).
b) Dalam mangkuk besar, campurkan pisang lecek dengan mentega cair, ekstrak vanila, dan telur yang dipukul.
c) Dalam mangkuk lain, pukul bersama baking soda, garam dan tepung. Masukkan bahan kering ke dalam bancuhan pisang dan kacau sehingga sebati.
d) Lipat dalam walnut cincang. Tuangkan adunan ke dalam loyang roti yang telah digris.
e) Bakar selama 50-60 minit atau sehingga pencungkil gigi keluar bersih.

93. Ketuhar Halogen Brownie Walnut

BAHAN-BAHAN:
UNTUK ASAS:
- 3 biji telur
- 1/2 cawan gula
- 2/3 cawan tepung
- 3 sudu besar rum
- kenari
- 1 serbuk vanila (0.2 g) atau esen
- 5.3 oz (150 g) mentega
- 7 oz (200 g) sayu coklat
- 1/2 sudu kecil serbuk penaik
- 1/2 sudu kecil garam
- 3 sudu besar koko

UNTUK TOPPING:
- 3.5 oz (100 g) coklat susu
- 1.8 oz (50 g) mentega
- 5 sudu besar susu
- 2 sudu besar gula

ARAHAN:
a) Pukul telur dengan pukul wayar bersama gula seketika.
b) Cairkan sayu coklat dan mentega dalam tab mandi air dan masukkan ke dalam campuran telur dan gula.
c) Masukkan semua bahan lain untuk asas dan gaul rata.
d) Tuangkan sebahagian adunan ke dalam loyang yang telah digris dan ditaburi sedikit tepung. Taburkan dengan beberapa kacang walnut, kemudian ulangi

proses melapis, selesai dengan lapisan campuran untuk menutup walnut sepenuhnya.
e) Gunakan loyang yang sesuai dengan ketuhar halogen dan letakkan di atas panggangan untuk membolehkan peredaran udara di bawahnya.
f) Bakar brownies pada suhu 360°F (180°C) selama 25 minit.
g) Untuk topping, cairkan coklat, mentega, gula dan susu dalam tab mandi air.
h) Tuangkan topping ke atas alas suam dan biarkan sejuk.
i) Brownie walnut anda yang dibuat dalam ketuhar halogen kini sedia untuk dinikmati.

94. Cherry Almond Clafoutis

BAHAN-BAHAN:

- 1 cawan ceri, diadu
- 2 sudu besar badam yang dihiris
- 3/4 cawan tepung serba guna
- 1/2 cawan gula pasir
- 1/4 sudu teh garam
- 3 biji telur besar
- 1 cawan susu
- 1 sudu teh ekstrak badam
- Gula serbuk untuk habuk

ARAHAN:

a) Panaskan ketuhar halogen kepada 375°F (190°C).
b) Griskan loyang dan taburkan ceri berlubang dan badam yang dihiris di bahagian bawah.
c) Dalam pengisar, satukan tepung, gula, garam, telur, susu dan ekstrak badam. Kisar hingga sebati.
d) Tuangkan adunan ke atas ceri dan badam. Bakar selama 30-35 minit atau sehingga set dan keemasan.
e) Taburkan dengan gula tepung sebelum dihidangkan.

95. Puding Roti Rempah Labu

BAHAN-BAHAN:
- 4 cawan roti berumur sehari yang dipotong dadu
- 1 cawan puri labu dalam tin
- 1 cawan susu
- 1/2 cawan krim berat
- 2/3 cawan gula perang
- 2 biji telur besar
- 1 sudu teh ekstrak vanila
- 1 sudu teh rempah labu
- Sirap maple untuk gerimis

ARAHAN:
a) Panaskan ketuhar halogen hingga 350°F (175°C).
b) Dalam mangkuk besar, satukan roti kiub, puri labu, susu, krim pekat, gula perang, telur, ekstrak vanila dan rempah labu.
c) Biarkan adunan meresap selama 15 minit. Pindahkan ke dalam loyang yang telah digris.
d) Bakar selama 30-35 minit atau sehingga bahagian atas berwarna keemasan dan puding ditetapkan. Siram dengan sirap maple sebelum dihidangkan.

96. Lemon Raspberry Bar

BAHAN-BAHAN:
- 1 cawan tepung serba guna
- 1/2 cawan mentega tanpa garam, dilembutkan
- 1/4 cawan gula halus
- 2 biji telur besar
- 1 cawan gula pasir
- 2 sudu besar tepung serba guna
- 1/2 sudu teh serbuk penaik
- 2 sudu besar jus lemon
- Perahan 1 lemon
- 1 cawan raspberi segar
- Gula serbuk untuk habuk

ARAHAN:
a) Panaskan ketuhar halogen hingga 350°F (175°C).
b) Dalam mangkuk, satukan tepung, mentega lembut, dan gula tepung. Tekan adunan ke dalam loyang yang telah digris untuk membentuk kerak.
c) Dalam mangkuk lain, pukul telur dan masukkan gula pasir, tepung, serbuk penaik, jus lemon dan kulit limau. Gaul hingga sebati.
d) Tuangkan campuran lemon ke atas kerak dan taburkan raspberi segar di atasnya.
e) Bakar selama 25-30 minit atau sehingga bahagian tepi berwarna keemasan. Sejukkan, kemudian taburkan dengan gula halus sebelum dihidangkan.

97. Strawberi Celup Coklat

BAHAN-BAHAN:
- Strawberi segar, dibasuh dan dikeringkan
- 8 auns coklat separa manis, dicincang
- 2 sudu besar mentega tanpa garam
- Taburan, kacang cincang, atau kelapa parut untuk salutan

ARAHAN:
a) Panaskan ketuhar halogen hingga 350°F (175°C).
b) Dalam mangkuk tahan panas, cairkan coklat dan mentega bersama-sama. Celupkan setiap strawberi ke dalam coklat cair.
c) Letakkan strawberi yang telah dicelup coklat di atas dulang yang dialas kertas. Masukkan taburan, kacang cincang, atau kelapa parut semasa coklat masih basah.
d) Sejukkan dalam peti sejuk selama 20-30 minit atau sehingga coklat ditetapkan.

98. Kek Kopi dengan Topping Streusel

BAHAN-BAHAN:
- 2 cawan tepung serba guna
- 1 cawan gula pasir
- 1/2 cawan mentega tanpa garam, dilembutkan
- 1 cawan krim masam
- 2 biji telur besar
- 1 sudu teh ekstrak vanila
- 1 sudu kecil serbuk penaik
- 1/2 sudu teh baking soda
- Untuk Topping Streusel:
- 1/2 cawan gula perang
- 1/2 cawan tepung serba guna
- 1 sudu teh kayu manis tanah
- 1/4 cawan mentega tanpa garam, cair

ARAHAN:
a) Panaskan ketuhar halogen hingga 350°F (175°C).
b) Dalam mangkuk besar, pukul bersama gula dan mentega. Masukkan krim masam, telur, dan ekstrak vanila, gaul rata.
c) Dalam mangkuk yang berasingan, pukul bersama tepung, serbuk penaik, dan soda penaik. Masukkan bahan kering sedikit demi sedikit ke dalam bahan basah, gaul hingga sebati.
d) Tuangkan adunan ke dalam loyang yang telah digris. Dalam mangkuk kecil, campurkan bahan topping streusel dan taburkan ke atas adunan.
e) Bakar selama 30-35 minit atau sehingga pencungkil gigi yang dimasukkan ke tengah keluar bersih.

99. Tart Coklat Raspberi Oven Halogen

BAHAN-BAHAN:
- 1 kerak pai yang telah dibuat
- 1 cawan raspberi segar
- 8 auns coklat separa manis, dicincang
- 1 cawan krim berat
- 2 sudu besar mentega tanpa garam
- Gula serbuk untuk habuk

ARAHAN:
a) Panaskan ketuhar halogen hingga 350°F (175°C).
b) Bakar kerak pai mengikut arahan pakej. Biarkan ia sejuk.
c) Susun raspberi segar pada kerak yang telah disejukkan.
d) Dalam periuk, panaskan krim kental sehingga ia mula mendidih. Keluarkan dari api dan kacau dalam coklat cincang dan mentega sehingga rata.
e) Tuangkan campuran coklat ke atas raspberi. Sejukkan dalam peti ais sekurang-kurangnya 2 jam.
f) Taburkan dengan gula tepung sebelum dihidangkan.

100. Puding Beras Kelapa

BAHAN-BAHAN:
- 1 cawan nasi masak
- 2 cawan santan
- 1/2 cawan gula
- 1/2 sudu teh ekstrak vanila
- 1/4 sudu teh garam
- Kelapa parut untuk hiasan

ARAHAN:
a) Panaskan ketuhar halogen hingga 350°F (175°C).
b) Dalam periuk, satukan beras yang telah dimasak, santan, gula, ekstrak vanila, dan garam. Didihkan dengan api sederhana sehingga adunan pekat.
c) Pindahkan puding beras ke dalam hidangan dan taburkan kelapa parut di atasnya.
d) Sejukkan dalam peti ais sekurang-kurangnya 2 jam sebelum dihidangkan.

KESIMPULAN

Semasa kami mengakhiri perjalanan kulinari kami melalui "Buku Masakan Ketuhar Halogen Terunggul," kami berharap anda telah menemui kuasa dan kecekapan transformatif yang datang dengan memasak dalam ketuhar halogen. Setiap resipi dalam halaman ini adalah perayaan kemudahan, kelajuan dan serba boleh yang menjadikan ketuhar halogen sebagai penukar permainan di dapur.

Sama ada anda kagum dengan kelazatan ayam panggang halogen, merasai kerangupan pembuka selera yang dibakar halogen atau gembira dengan kesederhanaan keajaiban halogen satu periuk, kami percaya bahawa resipi ini telah mempamerkan potensi penuh ketuhar halogen anda. Di luar kemudahan dan kecekapan, seni memasak halogen mungkin menjadi sumber inspirasi, menjadikan dapur anda hab inovasi masakan.

Sambil anda terus menerokai dunia masakan halogen, semoga "Buku Masakan Ketuhar Halogen Terunggul" menjadi teman anda yang boleh dipercayai, membimbing anda melalui resipi, teknik baharu dan kemungkinan yang tidak berkesudahan yang datang dengan keajaiban dapur moden ini. Inilah pengalaman halogen terbaik, di mana kelajuan, ketepatan dan kelazatan berkumpul untuk meningkatkan permainan memasak anda ke tahap yang lebih tinggi. Selamat memasak!

www.ingramcontent.com/pod-product-compliance
Lightning Source LLC
Chambersburg PA
CBHW071822110526
44591CB00011B/1188